MW00902210

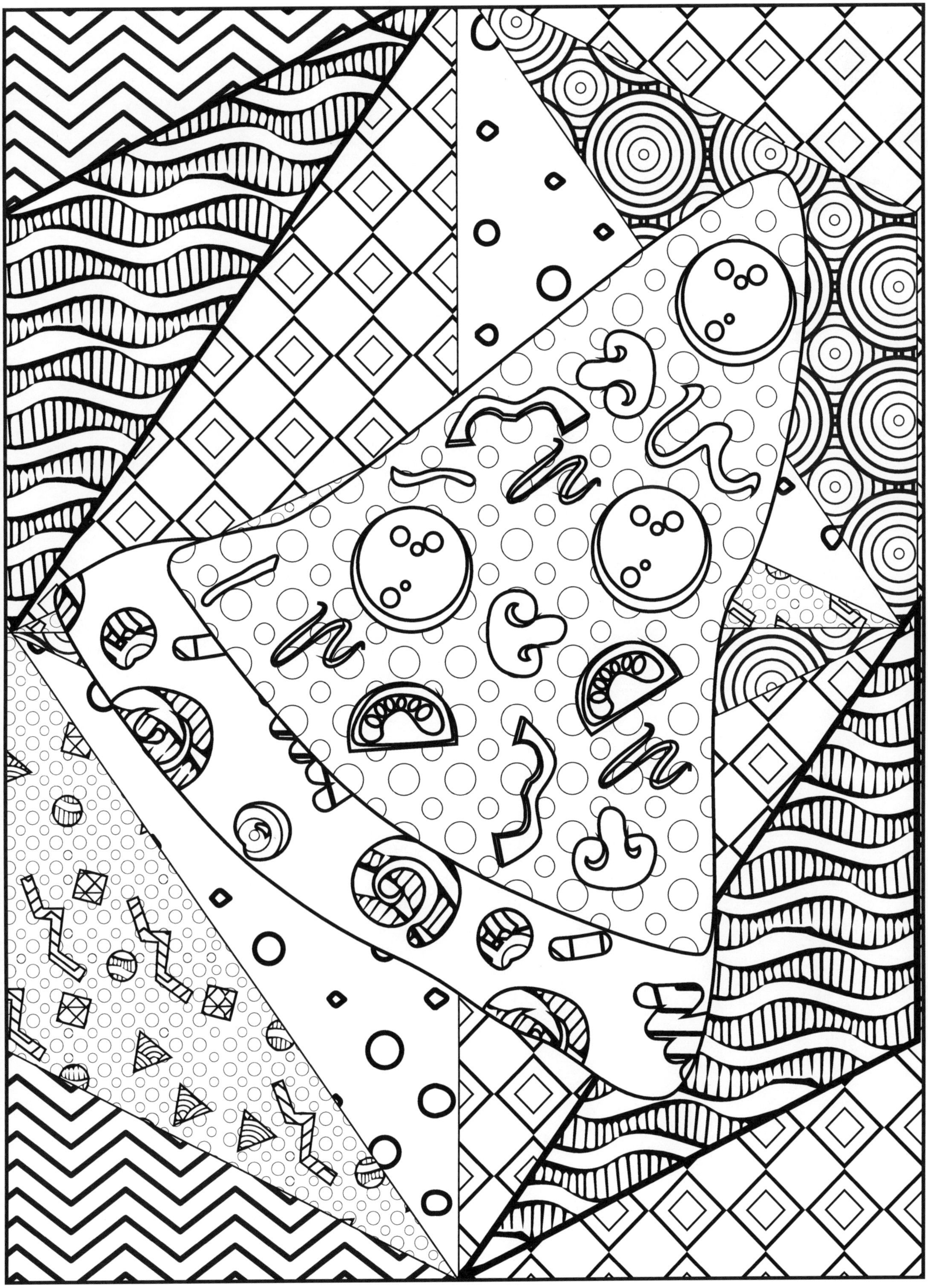

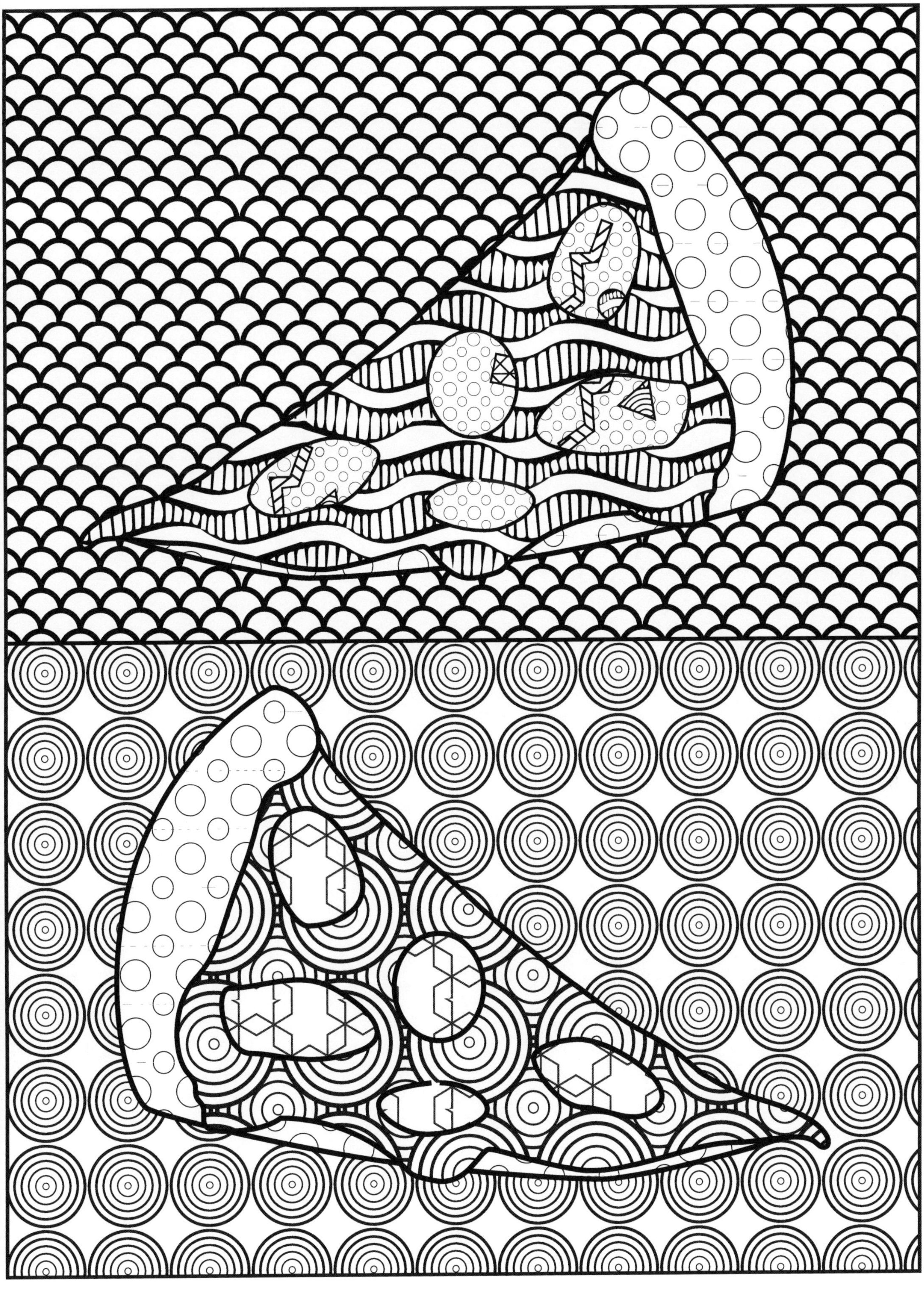

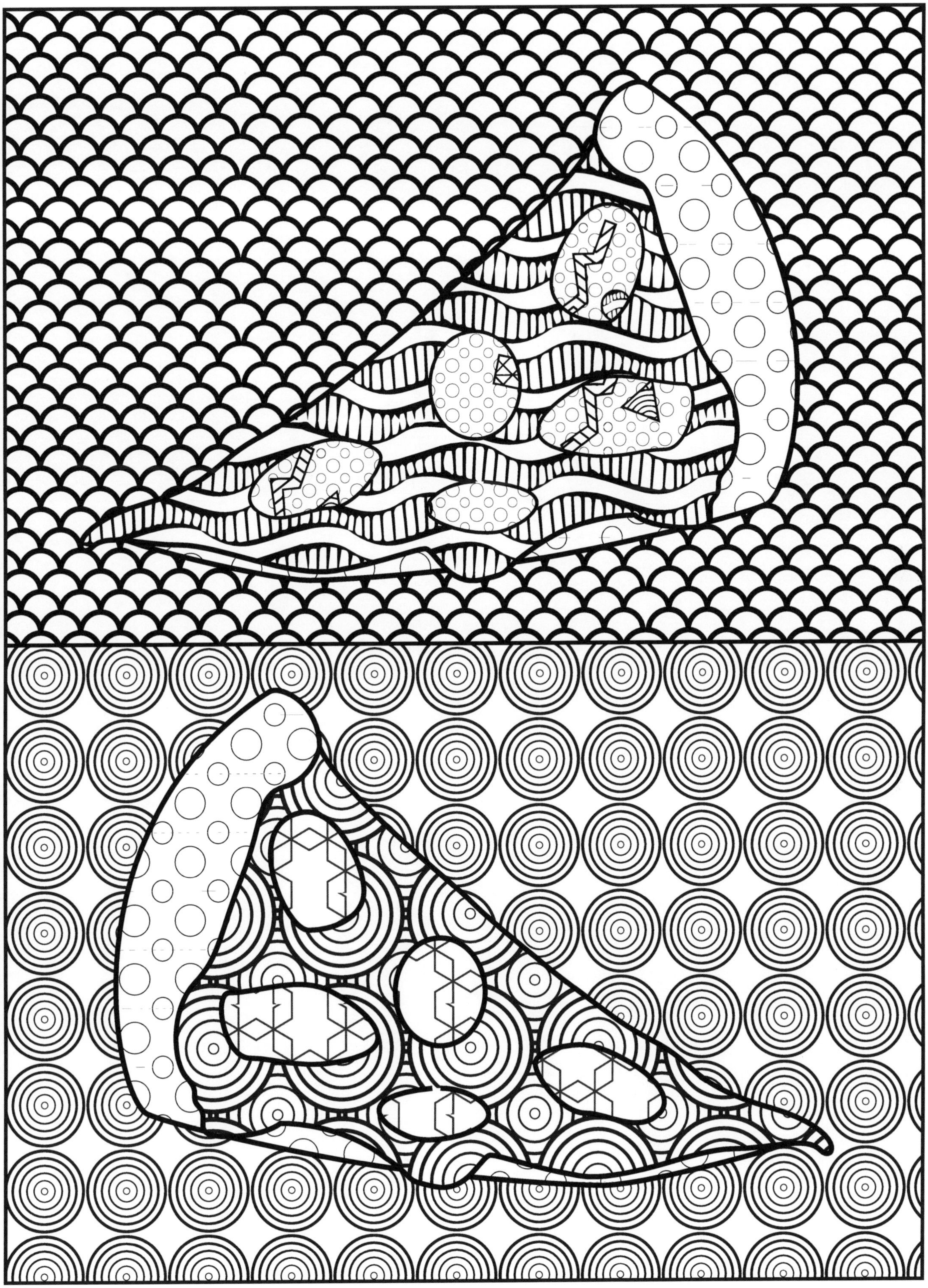

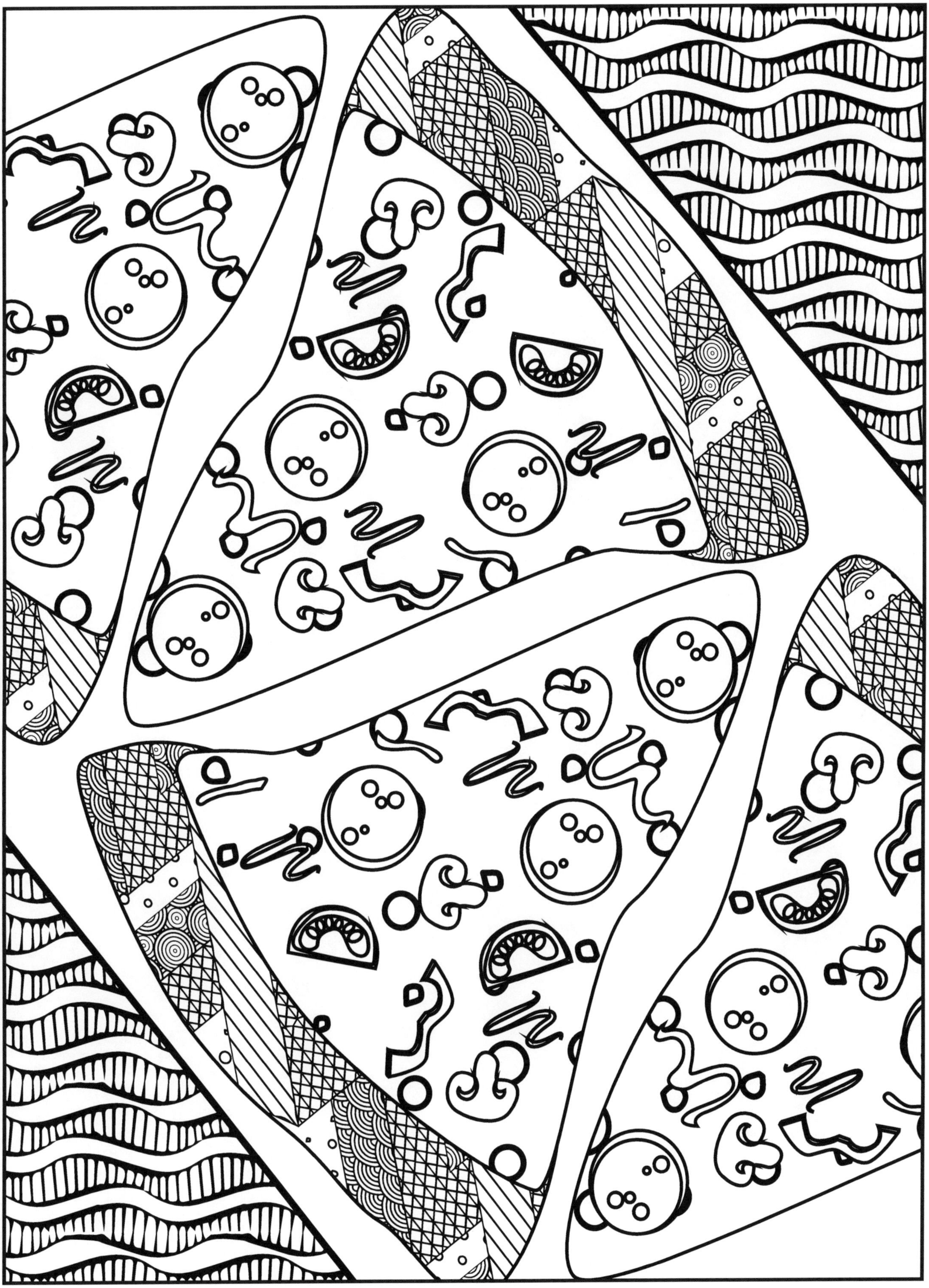

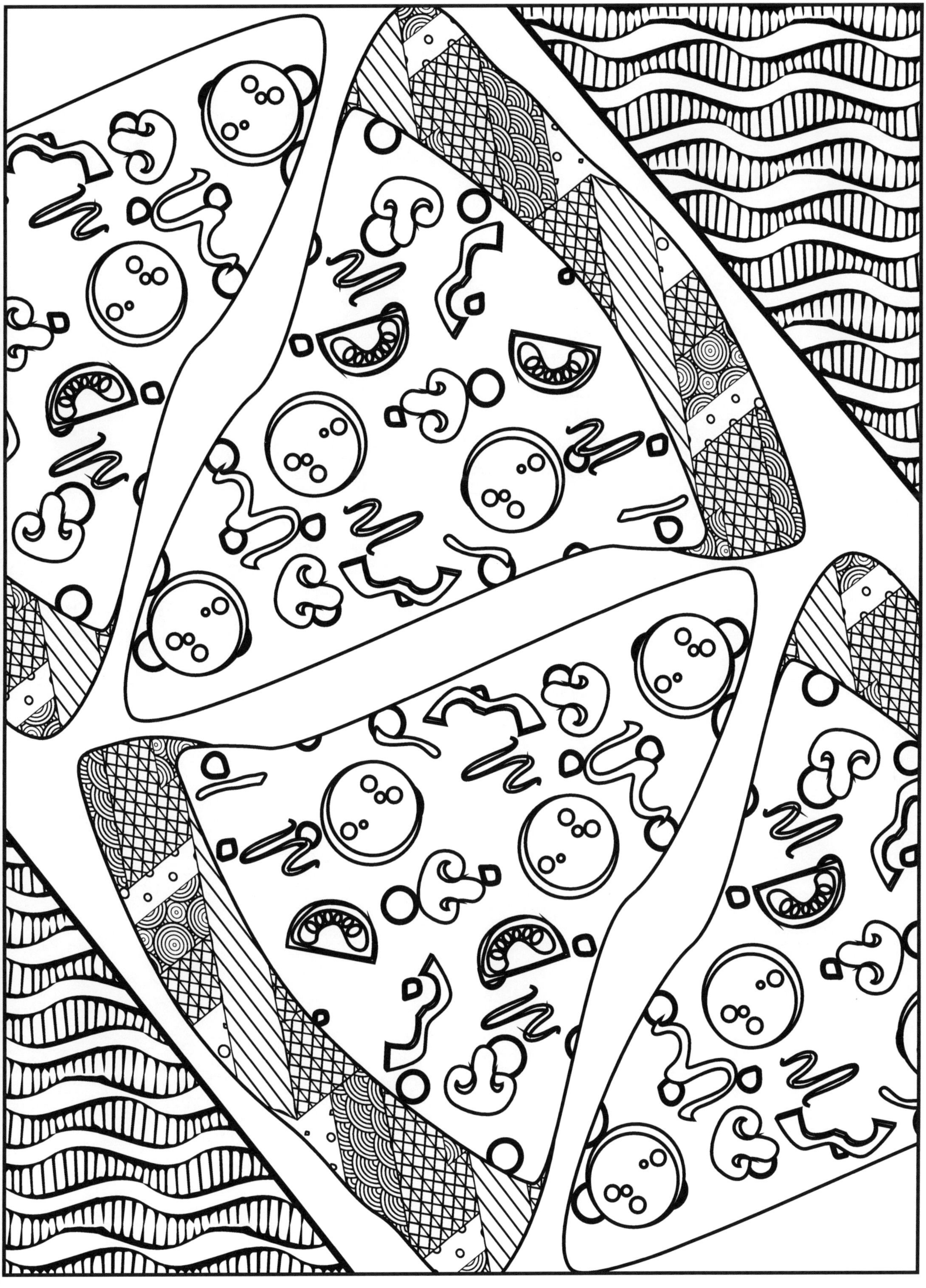

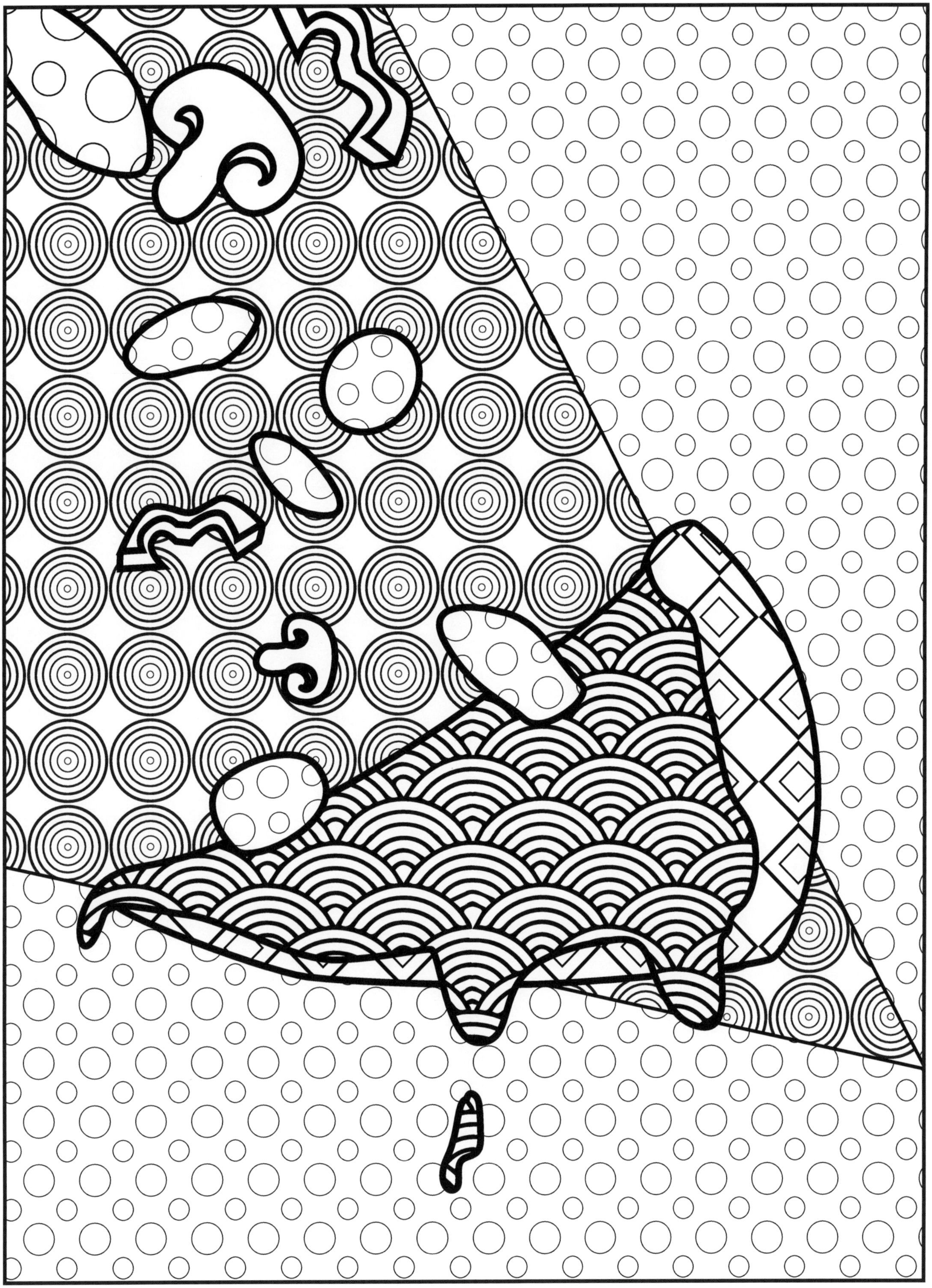

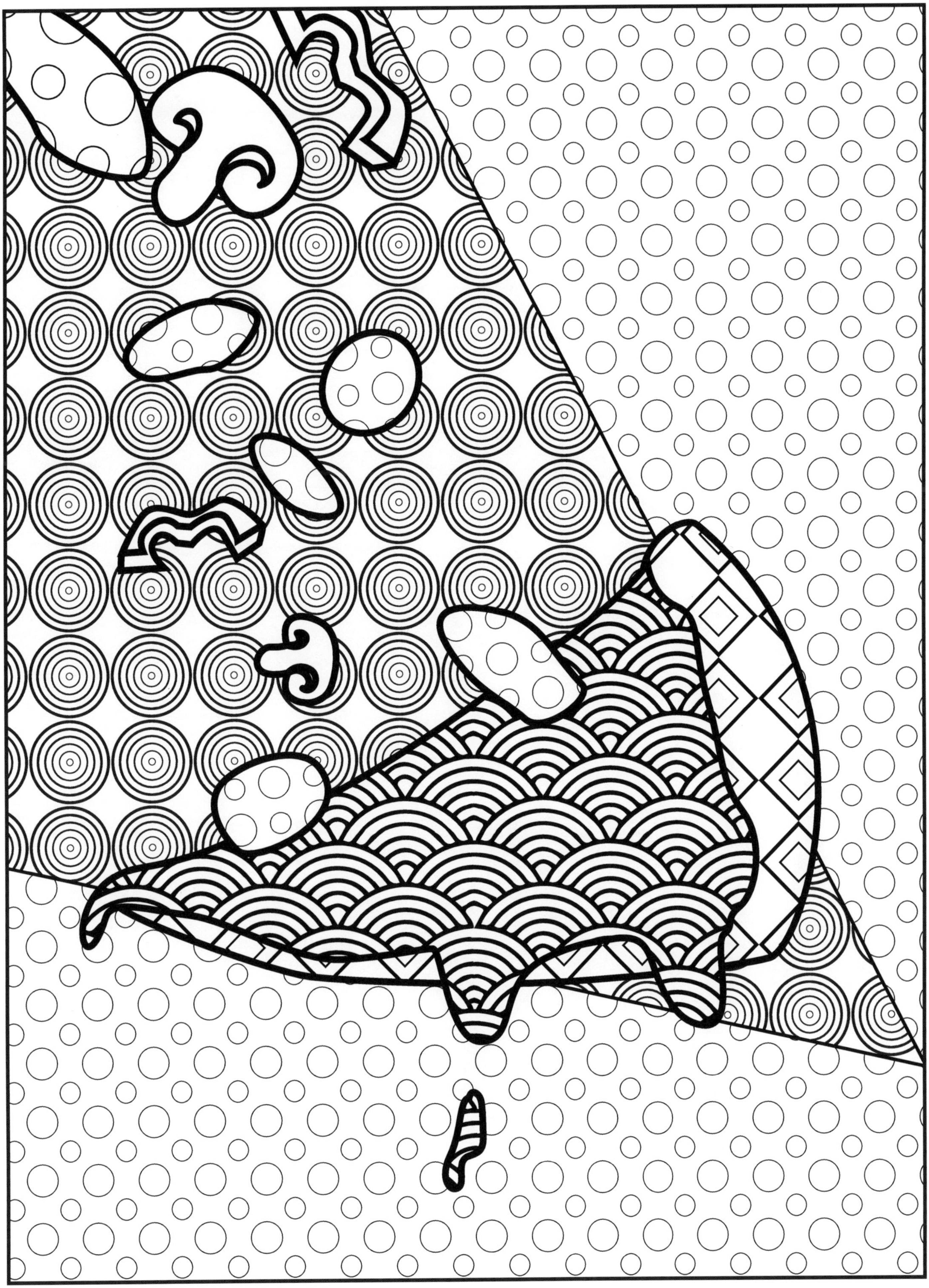

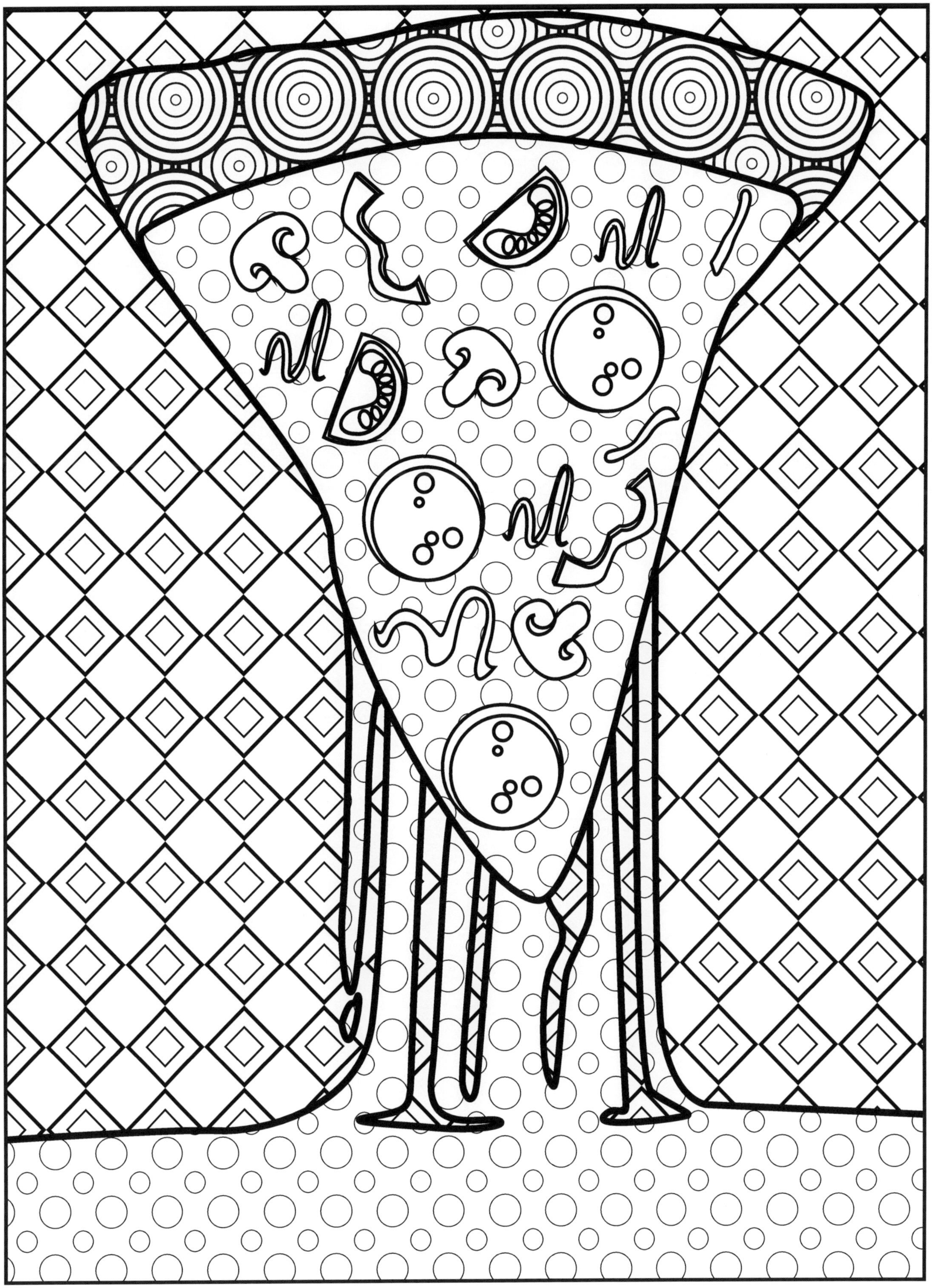

Made in the USA
Monee, IL
29 November 2023

47702309R00037